FSC
www.fsc.org
MIX
Papier aus ver-
antwortungsvollen
Quellen
Paper from
responsible sources
FSC® C105338

B. Seven

Lyrische Bestzeiten

Gedichte

Impressum

Bibliografische Information der Deutschen Nationalbibliothek:
Die Deutsche Nationalbibliothek verzeichnet diese Publikation in der Deutschen Nationalbibliografie; detaillierte bibliografische Daten sind im Internet über http://dnb.dnb.de abrufbar.

Die automatisierte Analyse des Werkes, um daraus Informationen insbesondere über Muster, Trends und Korrelationen gemäß §44b UrhG („Text und Data Mining") zu gewinnen, ist untersagt.

© 2025 B. Seven

Lektorat/Korrektorat: M. Meyer
Umschlaggestaltung/Illustration mit canva.com

Verlag: BoD · Books on Demand GmbH, Überseering 33, 22297 Hamburg, bod@bod.de
Druck: Libri Plureos GmbH, Friedensallee 273, 22763 Hamburg

ISBN: 978-3-8192-0732-7

Inhaltsverzeichnis

ALLES IM BLICK

Wild wütet der klirrend kalte Wind
Die Sonne versteckt sich hinterm Greim
Das Adrenalin macht mich blind
Aus Angst denk´ ich noch mal an daheim

Mit mutigen Schritten geh ich los
Der Berg vor mir unvorstellbar groß
Den Rucksack fest am Rücken
Hoffentlich mich bald nicht Blumen schmücken

Den Gipfel fast erreicht
Das war ja fast zu leicht
Die Konzentration jetzt nicht verlieren

Das Tal liegt mir jetzt zu Füßen
Hier oben gibt's nichts mehr zu büßen
Meine Gefühle kollidieren.

1
2
100m SPRINT

Der allbekannte Sport
Für viele Menschen fast Mord
Doch meine Sportart ist für jeden
eine einfachere könnte es fast nicht geben

Du brauchst nur ein Paar Schuh
Und schon kannst du trainieren in Ruh
Für einen Wettkampf wäre eine gerade Bahn
nicht schlecht
Denn sonst sind die Bedingungen nicht echt

Der Start ist sehr, sehr wichtig
Achte darauf, dass dieser auch richtig
Denn er könnte ausmachen die
entscheidende Zeit

Die dich zum Sieg begleit´
Am Ende kannst du dich dann freuen
Und wirst den 100-Meter-Sprint nicht bereuen.

Ich wende meinen Blick nach oben
und meine Gedanken beginnen zu toben.
Die Sonne lacht mir schon entgegen,
dieser schöne Tag, er ist ein Segen!

Ich sammle die Kraft in meinen Beinen
und krabble hoch, ohne zu weinen.
Mir tun schon alle Gliedmaßen weh,
doch ich werde durchhalten müssen, oh je!

Die Spinnenmutter wartet schon gespannt,
der Kletterer - mit ihr verwandt -
kämpft und kämpft sich hoch hinaus.

Der Kleine sammelt noch die letzte Kraft
und bald hat er es auch geschafft!
Nun sind die Höllenqualen endlich aus!

Im Fußballtennis schießt man den Ball,
auf die Platte mit lautem Knall.
Doch zielt man auch nur knapp daneben,
wird der Punkt dem Gegner gegeben.

Oft wird nicht viel nachgedacht,
und der Schlag mit der Hand gemacht.
Doch Zähler gibt es dafür keinen.
Mach den Treffer lieber mit den Beinen.

Am Ende krönt man einen Sieger,
gekämpft haben beide wie die Krieger.
Bälle fliegen wie Kometen.

Im Match geht es oft her, ganz heiß,
doch nur der Bessere gewinnt den Preis.
Das Spiel verbindet die Athleten.

BAUMRINDE IN DER HAND

Ein Geschrei und ein Getobe,
Wieder stecken sie mich in meine Robe,
- Ob ich das will oder auch nicht,
Das sag ich ihnen klar ins Gesicht.

Als Schotte bin ich ein Muskelprotz
Der von dieser Sportart auch manchmal ko---
Schwer heben muss ich die Baumstämme
Dabei steck ich manchmal tief in der Klemme!

Meine Gegner sind stark und stärker
Und gleichen fast einem Berserker
Das Ende ist jetzt schon in Sicht

Denn nun tritt mir der Schweiß ins Gesicht
Ich war der Beste, hab haushoch gewonnen
Und geh mich jetzt im Erfolg sonnen!

GLITZERSTUNDEN

So schön glitzert die Loipe am Tag,
Das ist etwas, was jeder mag.
Die Spuren sind voller Schnee und eisig,
Die Biathleten sind flott und treffen fleißig.

Im Training geht´s so manchen an den Kragen,
Wo die ein oder anderen versagen.
Doch am Ende hat man große Freude,
Und verspürt fast keine Reue.

Wenn der Wettkampf vor der Tür steht,
Die Nervosität kommt und geht,
Dann kommt das Adrenalin und besteht.

Aber am Ende sind wir heiter,
Und trainieren fleißig weiter,
Denn nur so werden wir Spitzenreiter!

UNERWARTET

Hüa, hüa, hüa, hopp, hopp, hopp
Auf in den Kampf, Galopp, Galopp, Galopp
Aufgesattelt und fest gezäumt
Passt auf, dass ihr bloß nichts versäumt

Seid alle gespannt, es geht gleich los
Meine Dressur-Künste, die sind famos!
Das Publikum wird schon langsam still
Plötzlich erklingt das Startsignal, ziemlich schrill

Mein Pferd und ich starten mit der Trabversal
Es gibt einige Probleme, die sind fatal
Noch kurz vor dem Ende

Geht es nun weiter in den X-Halt
Habt ihr es alle gesehen? Wir waren so schnell,
es hat fast geknallt
Unter viel Applaus gelingt uns die perfekte
Schlusswende.

TANZ AUF DEM FROST

In der Eishalle neben dem Wald
Dort trainiert sie sehr fleißig
Denn bei der WM ist sie bald
Für neue Schlittschuhe aber zu geizig.

Die Pirouette geht noch schneller
Und draußen wird es immer heller
Die Schlittschuhe sind nicht mehr gut
Dadurch hat sie große Wut.

Das Adrenalin lässt sie nicht in Ruhe
Endlich! Nagelneue Schlittschuhe
Hat sie vom Trainer bekommen.

Ihr Kleid hat Glitzer und ist pompös
Trotz dessen ist sie schon sehr nervös
Die Zuschauer sind auf ihre Kosten gekommen.

IN SEINER HAND

Am einen Ende hab´ ich ein spitzes Ding
Und wenn´s in die Erde einschlägt,
machts "Kling!".
Mein Besitzer nimmt mich in die Hand
Und schießt mich weit, oft an den Rand.

Er schießt mich ganz weit
Und ist zum Schießen schon wieder bereit.
Er nimmt viel Anlauf
Und schießt mich in den Himmel hinauf...

In der Luft ist es sehr schön
Hier weht sogar ein Föhn
Sein Arm ist sehr stark

Er schießt mich über die Mark´
Ich fliege wieder herab
Bestweite! - Es war ganz knapp.

POKALLUST

Was ein schöner sonniger Tag
Gefüllt mit Sport den ich mag
Meine Skier sind lang
Ich wollte unbedingt den ersten Rang

Das laute Startsignal erdröhnt
Kurz vor Start noch von den Gegnern verhöhnt
Ich lief, so schnell ich konnte
In meinen Kopfhörern der Podcast von Monte

Ich wollte siegen
Aber fiel plötzlich um und blieb erst mal liegen
Doch dann überkam mich der Ehrgeiz

Zum Aufstehen hatte ich plötzlich Anreiz.
Ich holte gerade noch den Pokal
Und feierte anschließend ausgiebig im Lokal.

FACT-CHECKED
FACT-CHECKED

Der teuerste Golfball kostet 1,5 Mio. US-$ und ist mit Diamanten bestückt.

Eine Bahn beim Fechten ist 14x2 Meter groß, damit sie dem Korridor einer Burg ähnelt.

Baumstammweitwerfen diente ursprünglich dazu, die Fähigkeit des Kriegers, schwere Lasten zu tragen, zu testen.

Die ersten Cheerleader waren Männer.

Die Höchstgeschwindigkeit beim 100-Meter-Sprint wird nach 60 bis 70 Metern erreicht.

Fußballtennis wurde ursprünglich erfunden, um die Balltechnik/Kontrolle im Fußball zu trainieren.

Polo ist die älteste Mannschaftssportart der Welt und wurde von Nomadenkriegern erfunden, welche die Köpfe ihrer Gegner als Ball benutzten.

Der Weltrekord für die längste gesurfte Welle wurde bei der Durchquerung des Panamakanals erzielt und beträgt 3 Stunden und 55 Minuten.

Der erste dokumentierte Biathlon-Wettkampf fand im Jahr 1767 zwischen Grenzpatrouillen aus Norwegen und Schweden statt.

Die ersten Schlittschuhe wurden aus Elfenbein gefertigt.

UNERWARTETER BESUCH

Gestern hatte ich
                trotz schönem Morgen
Viel Kummer und viele Sorgen.

Der Kaffee tat mir dann mehr als gut

Langsam packte mich wieder der Mut.

Das Wetter am Platz
                war sehr schön
Der Wind war warm
                fast wie ein leichter Föhn
Der Sport am Morgen
                holt mich immer ein
Und schon ging ich
                ins Klubhaus hinein.

Ich spielte
        eine Runde Golf
Am Waldrand sah ich
        plötzlich einen großen Wolf
Ich rannte, denn er wirkte
        nicht sehr freundlich.

Der Himmel schien aber
        noch immer
        sehr bläulich.
Ich muss mir künftig
        bessere Schuhe kaufen

Denn jetzt muss ich sogar
        schon am Golfplatz laufen!

TANZ DER WELLEN

Es war ein sehr schöner Sommertag
Was mach ich heut, hab ich mich gefragt
Die Sonne schien, draußen war es heiß
Drum holte ich mir ein Eis

Es war Sonntag ich hatte frei
Drum kochte ich mir mal ein Ei
Ich schau aufs Meer mit Riesenwellen
Ich ging vor die Tür und sah nur noch Forellen

Mit meinem Ei in der Hand ging ich zum Strand
Und plötzlich waren meine Schuhe voller Sand
Dann nahm ich meinen ganzen Mut in die Hand

Und fuhr hinaus aufs Meer mit meinem Boot
Auch mein Surfboard nahm ich mit in Rot
Und dann schalt ich auf Autopilot!

MENSCH UND TIER

Polo ist eine sehr spannende Sportart,
Bei uns jedoch nicht so bekannt
                  wie zum Beispiel Dart.
Es ist ein Wettkampf mit Mensch und Tier,
In einem Team sind immer vier.

Es gibt wie beim Volleyball viele Sparten,
Arenapolo und Beachpolo sind zwei Arten.
Oft wird es in Amerika gespielt,
Genau wird auf das Tor gezielt.

Um beim Treiben nie hängen zu bleiben,
Muss man den Pferden
                  die Mähnen abschneiden.
Kurze Haare, ja kein Zopf!

Auf dem Kopf kaum ein Schopf -
Mehrmals Pferdewechsel pro Spiel:
Ohne Müdigkeit zum Ziel!

DER HELD

Ob hoch ob weit
Ob lang ob kurz
Das Feld ist breit
Man kommt oft zum Sturz

Man läuft schnell hin
Man läuft schnell her
Mich zu fangen ist schwer
Doch das ist der Sinn

Wenn der Pass dann gut gelingt
Startet der Läufer sofort den Sprint
Das Ziel vom Spiel ist die letzte Zone

Will er dich dabei umradieren
Muss er dann vom Platz spazieren
Doch schafft er es,
   erhält er die Mannschaftskrone.

RHYTHMUS DES LEBENS

Ob sie nun auf den Stepper steigen,
Oder ohne Hilfsmittel die Menge verzaubern
Man kann ihnen ganz schnell zeigen
Ohne Rhythmus beginnt jeder zu plaudern

Er gibt den Takt an wie das Herz
Ein Schritt zu langsam, ein Hauch zu früh...
Zack! - Und der Tanz gleicht einem Scherz
Also hört auf den Rhythmus und gebt euch Müh'!

Doch die Plag' allein reicht lang nicht aus,
Sonst wird das Publikum leis´ wie eine Maus
Ich mach kein´ Scherz, das wär ein wahrer Graus

Nur der mit dem Rhythmus versucht zu tanzen,
Der versteht das Konzept im Großen, im Ganzen
Und vergisst dabei sogar seine Romanzen.

FALL IN DIE LIEBE

Der Tag des besonderen Matches ist heute
Das Team hofft auf eine große Ausbeute
Dort ist er, der bestimmte Spieler
Ach, hätte er mich bloß etwas lieber!

Wir Cheerleader
laufen aufs riesengroße Feld hinaus
Und kurz darauf
rennt auch das Footballteam zu uns heraus.
Wir hüpfen,
tanzen und werden zum Applaus springen.
Hoffentlich wird er
die heutige Partie mit seinem Team gewinnen.

Zusammen machen wir eine Pyramide groß.
Doch wo ist das eine Mädchen hinter mir bloß?
Plötzlich stürze ich, das wird keinem gefallen..

Unerwartet lande ich nicht auf dem Boden hart.
Sondern *der eine Spieler* fängt mich ganz zart.
Mein Körper ist dabei, in Ohnmacht zu fallen.

TOBEN

Es ist gleich zu Ende
Oder kommt noch die Wende?
Ich schwitze schon sehr
Und kann auch gar nicht mehr.

Komm´ her, gleich hab´ ich dich
Ich höre was Stumpfes im Ohr
Kommt dir das nicht auch komisch vor
Nur noch ein Stich - dann besieg ich dich!

Ich liege schon am Boden
Will nicht mehr fechten, nicht mehr toben
Ich gebe auf!

Unsere Mutter schaut herein
Darf ich Schiedsrichter sein?
Wir setzen erneut unsere Fechtmasken auf.

FINISHER
FINISHER
1:37
FINISHER
FINISHER
FIN FINISHER

DREI WEGE-EIN ZIEL

Ein wunderschöner Sommertag.
Es ist sehr heiß, was ich gar nicht mag.
Der Startschuss ist in wenigen Sekunden.
Doch es fühlt sich an wie Stunden.

Ich springe ins Wasser, tauche und schwimme
Ganz weit in den See hinaus,
und beobachte dabei eine Maus.
währen dessen ich ein schönes Lied singe.

Ich bin am Rad sehr schnell,
und sehe einen Bären mit Fell
Bin ich falsch abgebogen vielleicht?

Der Jubel ist laut,
und ganz rot ist meine Haut
Doch ich habe mein Ziel erreicht.

Sie haben das Ziel erreicht...